CAHIER

POUR LA

CONJUGAISON DES VERBES

PAR

M. DOMINGO GILDO

PROFESSEUR AU COLLÉGE CHAPTAL
ET A L'ÉCOLE COMMERCIALE DE PARIS

PARIS

31, BOULEVARD BONNE-NOUVELLE, 31

CAHIER

POUR LA

CONJUGAISON DES VERBES

PAR

M. DOMINGO GILDO

PROFESSEUR AU COLLÉGE CHAPTAL
ET A L'ÉCOLE COMMERCIALE DE PARIS

PARIS

31, BOULEVARD BONNE-NOUVELLE, 31

1867

INFINITIF.

Présent.

Passé.

Participe présent.

Participe passé.

INDICATIF.

Présent.	Passé indéfini.
1.	1.
2.	2.
3.	3.
1.	1.
2.	2.
3.	3.

Imparfait.	Plus-que-parfait.
1.	1.
2.	2.
3.	3.
1.	1.
2.	2.
3.	3.

Passé défini.	Passé antérieur.
1.	1.
2.	2.
3.	3.
1.	1.
2.	2.
3.	3.

Futur absolu.	Futur antérieur.
1.	1.
2.	2.
3.	3.
1.	1.
2.	2.
3.	3.

CONDITIONNEL.

<table>
<tr><td>

Présent.

1.

2.

3.

1.

2.

3.

</td><td>

Passé.

1.

2.

3.

1.

2.

3.

</td></tr>
</table>

IMPÉRATIF.

2.

1.

2.

SUBJONCTIF.

<table>
<tr><td>

Présent.

1. que

2. que

3. que

1. que

2. que

3. que

</td><td>

Passé.

1. que

2. que

3. que

1. que

2. que

3. que

</td></tr>
<tr><td>

1er Imparfait.

1. que

2. que

3. que

1. que

2. que

3. que

</td><td>

1er Plus-que-parfait.

1. que

2. que

3. que

1. que

2. que

3. que

</td></tr>
<tr><td>

2e Imparfait.

1. si

2. si

3. si

1. si

2. si

3. si

</td><td>

2e Plus-que-parfait.

1. si

2. si

3. si

1. si

2. si

3. si

</td></tr>
<tr><td>

Futur simple.

1. si

2. si

3. si

1. si

2. si

3. si

</td><td>

Futur composé.

1. si

2. si

3. si

1. si

2. si

3. si

</td></tr>
</table>

INFINITIF.

Présent.   Passé.

Participe présent.   Participe passé.

INDICATIF.

Présent.   Passé indéfini.

   ·   1.

2.   2.

3.   3.

1.   1.

2   2.

3.   3.

Imparfait.   Plus-que-parfait.

1.   1.

2.   2.

3.   3.

1.   1.

2.   2.

3.   3.

Passé défini.   Passé antérieur.

1.   1.

2.   2.

3.   3.

1.   1.

2.   2.

3.   3.

Futur absolu.   Futur antérieur.

1.   1.

2.   2.

3.   3.

1.   1.

2.   2.

3.   3.

CONDITIONNEL.

<table>
<tr><td align="center">Présent.</td><td align="center">Passé.</td></tr>
<tr><td>1.</td><td>1.</td></tr>
<tr><td>2.</td><td>2.</td></tr>
<tr><td>3.</td><td>3.</td></tr>
<tr><td>1.</td><td>1.</td></tr>
<tr><td>2.</td><td>2.</td></tr>
<tr><td>3.</td><td>3.</td></tr>
</table>

IMPÉRATIF.

2.

1.

2.

SUBJONCTIF.

<table>
<tr><td align="center">Présent.</td><td align="center">Passé.</td></tr>
<tr><td>1. que</td><td>1. que</td></tr>
<tr><td>2. que</td><td>2. que</td></tr>
<tr><td>3. que</td><td>3. que</td></tr>
<tr><td>1. que</td><td>1. que</td></tr>
<tr><td>2. que</td><td>2. que</td></tr>
<tr><td>3. que</td><td>3. que</td></tr>
</table>

<table>
<tr><td align="center">1er Imparfait.</td><td align="center">1er Plus-que-parfait.</td></tr>
<tr><td>1. que</td><td>1. que</td></tr>
<tr><td>2. que</td><td>2. que</td></tr>
<tr><td>3. que</td><td>3. que</td></tr>
<tr><td>1. que</td><td>1. que</td></tr>
<tr><td>2. que</td><td>2. que</td></tr>
<tr><td>3. que</td><td>3. que</td></tr>
</table>

<table>
<tr><td align="center">2e Imparfait.</td><td align="center">2e Plus-que-parfait.</td></tr>
<tr><td>1. si</td><td>1. si</td></tr>
<tr><td>2. si</td><td>2. si</td></tr>
<tr><td>3. si</td><td>3. si</td></tr>
<tr><td>1. si</td><td>1. si</td></tr>
<tr><td>2. si</td><td>2. si</td></tr>
<tr><td>3. si</td><td>3. si</td></tr>
</table>

<table>
<tr><td align="center">Futur simple.</td><td align="center">Futur composé.</td></tr>
<tr><td>1. si</td><td>1. si</td></tr>
<tr><td>2. si</td><td>2. si</td></tr>
<tr><td>3. si</td><td>3. si</td></tr>
<tr><td>1. si</td><td>1. si</td></tr>
<tr><td>2. si</td><td>2. si</td></tr>
<tr><td>3. si</td><td>3. si</td></tr>
</table>

INFINITIF.

Présent.   Passé.

Participe présent.   Participe passé.

INDICATIF.

Présent.

1.
2.
3.
1.
2
3.

Imparfait.

1.
2.
3.
1.
2.
3.

Passé défini.

1.
2.
3.
1.
2.
3.

Futur absolu.

1.
2.
3.
1.
2.
3.

Passé indéfini.

1.
2.
3.
1.
2.
3.

Plus-que-parfait.

1.
2.
3.
1.
2.
3.

Passé antérieur.

1.
2.
3.
1.
2.
3.

Futur antérieur.

1.
2.
3.
1.
2.
3.

CONDITIONNEL.

Présent.	Passé.

<table>
<tr><td>1.</td><td></td><td>1.</td></tr>
<tr><td>2.</td><td></td><td>2.</td></tr>
<tr><td>3.</td><td></td><td>3.</td></tr>
<tr><td>1.</td><td></td><td>1.</td></tr>
<tr><td>2.</td><td></td><td>2.</td></tr>
<tr><td>3.</td><td></td><td>3.</td></tr>
</table>

IMPÉRATIF.

2.

1.

2.

SUBJONCTIF.

Présent.	Passé.

<table>
<tr><td>1. que</td><td></td><td>1. que</td></tr>
<tr><td>2. que</td><td></td><td>2. que</td></tr>
<tr><td>3. que</td><td></td><td>3. que</td></tr>
<tr><td>1. que</td><td></td><td>1. que</td></tr>
<tr><td>2. que</td><td></td><td>2. que</td></tr>
<tr><td>3. que</td><td></td><td>3. que</td></tr>
</table>

1er Imparfait.	1er Plus-que-parfait.

<table>
<tr><td>1. que</td><td></td><td>1. que</td></tr>
<tr><td>2. que</td><td></td><td>2. que</td></tr>
<tr><td>3. que</td><td></td><td>3. que</td></tr>
<tr><td>1. que</td><td></td><td>1. que</td></tr>
<tr><td>2. que</td><td></td><td>2. que</td></tr>
<tr><td>3. que</td><td></td><td>3. que</td></tr>
</table>

2e Imparfait.	2e Plus-que-parfait.

<table>
<tr><td>1. si</td><td></td><td>1. si</td></tr>
<tr><td>2. si</td><td></td><td>2. si</td></tr>
<tr><td>3. si</td><td></td><td>3. si</td></tr>
<tr><td>1. si</td><td></td><td>1. si</td></tr>
<tr><td>2. si</td><td></td><td>2. si</td></tr>
<tr><td>3. si</td><td></td><td>3. si</td></tr>
</table>

Futur simple.	Futur composé.

<table>
<tr><td>1. si</td><td></td><td>1. si</td></tr>
<tr><td>2. si</td><td></td><td>2. si</td></tr>
<tr><td>3. si</td><td></td><td>3. si</td></tr>
<tr><td>1. si</td><td></td><td>1. si</td></tr>
<tr><td>2. si</td><td></td><td>2. si</td></tr>
<tr><td>3. si</td><td></td><td>3. si</td></tr>
</table>

Conjugaison du Verbe

INFINITIF.

Présent.   Passé.

Participe présent.   Participe passé.

INDICATIF.

Présent.   Passé indéfini.

1.   1.
2.   2.
3.   3.
1.   1.
2.   2.
3.   3.

Imparfait.   Plus-que-parfait.

1.   1.
2.   2.
3.   3.
1.   1.
2.   2.
3.   3.

Passé défini.   Passé antérieur.

1.   1.
2.   2.
3.   3.
1.   1.
2.   2.
3.   3.

Futur absolu.   Futur antérieur.

1.   1.
2.   2.
3.   3.
1.   1.
2.   2.
3.   3.

CONDITIONNEL.

Présent.		Passé.
1.		1.
2.		2.
3.		3.
1.		1.
2.		2.
3.		3.

IMPÉRATIF.

2.

1.

2.

SUBJONCTIF.

Présent.		Passé.
1. que		1. que
2. que		2. que
3. que		3. que
1. que		1. que
2. que		2. que
3. que		3. que

1er Imparfait. **1er Plus-que-parfait.**

1er Imparfait.		1er Plus-que-parfait.
1. que		1. que
2. que		2. que
3. que		3. que
1. que		1. que
2. que		2. que
3. que		3. que

2e Imparfait.		2e Plus-que-parfait.
1. si		1. si
2. si		2. si
3. si		3. si
1. si		1. si
2. si		2. si
3. si		3. si

Futur simple.		Futur composé.
1. si		1. si
2. si		2. si
3. si		3. si
1. si		1. si
2. si		2. si
3. si		3. si

Conjugaison du Verbe

INFINITIF.

Présent.   Passé.

Participe présent.   Participe passé.

INDICATIF.

Présent.

1.
2.
3.
1.
2.
3.

Imparfait.

1.
2.
3.
1.
2.
3.

Passé défini.

1.
2.
3.
1.
2.
3.

Futur absolu.

1.
2.
3.
1.
2.
3.

Passé indéfini.

1.
2.
3.
1.
2.
3.

Plus-que-parfait.

1.
2.
3.
1.
2.
3.

Passé antérieur.

1.
2.
3.
1.
2.
3.

Futur antérieur.

1.
2.
3.
1.
2.
3.

CONDITIONNEL.

Présent.		Passé.
1.	1.	
2.	2.	
3.	3.	
1.	1.	
2.	2.	
3.	3.	

IMPÉRATIF.

2.

1.

2.

SUBJONCTIF.

Présent.		Passé.
1. que	1. que	
2. que	2. que	
3. que	3. que	
1. que	1. que	
2. que	2. que	
3. que	3. que	

1er Imparfait.		1er Plus-que-parfait.
1. que	1. que	
2. que	2. que	
3. que	3. que	
1. que	1. que	
2. que	2. que	
3. que	3. que	

2e Imparfait.		2e Plus-que-parfait.
1. si	1. si	
2. si	2. si	
3. si	3. si	
1. si	1. si	
2. si	2. si	
3. si	3. si	

Futur simple.		Futur composé.
1. si	1. si	
2. si	2. si	
3. si	3. si	
1. si	1. si	
2. si	2. si	
3. si	3. si	

Conjugaison du Verbe

INFINITIF.

Présent.	Passé.

Participe présent.	Participe passé.

INDICATIF.

Présent.	Passé indéfini.
1.	1.
2.	2.
3.	3.
1.	1.
2	2.
3.	3.

Imparfait.	Plus-que-parfait.
1.	1.
2.	2.
3.	3.
1.	1.
2.	2.
3.	3.

Passé défini.	Passé antérieur.
1.	1.
2.	2.
3.	3.
1.	1.
2.	2.
3.	3.

Futur absolu.	Futur antérieur.
1.	1.
2.	2.
3.	3.
1.	1.
2.	2.
3.	3.

CONDITIONNEL.

<table>
<tr><td align="center">Présent.</td><td align="center">Passé.</td></tr>
<tr><td>1.</td><td>1.</td></tr>
<tr><td>2.</td><td>2.</td></tr>
<tr><td>3.</td><td>3.</td></tr>
<tr><td>1.</td><td>1.</td></tr>
<tr><td>2.</td><td>2.</td></tr>
<tr><td>3.</td><td>3.</td></tr>
</table>

IMPÉRATIF.

2.

1.

2.

SUBJONCTIF.

<table>
<tr><td align="center">Présent.</td><td align="center">Passé.</td></tr>
<tr><td>1. que</td><td>1. que</td></tr>
<tr><td>2. que</td><td>2. que</td></tr>
<tr><td>3. que</td><td>3. que</td></tr>
<tr><td>1. que</td><td>1. que</td></tr>
<tr><td>2. que</td><td>2. que</td></tr>
<tr><td>3. que</td><td>3. que</td></tr>
</table>

<table>
<tr><td align="center">1er Imparfait.</td><td align="center">1er Plus-que-parfait.</td></tr>
<tr><td>1. que</td><td>1. que</td></tr>
<tr><td>2. que</td><td>2. que</td></tr>
<tr><td>3. que</td><td>3. que</td></tr>
<tr><td>1. que</td><td>1. que</td></tr>
<tr><td>2. que</td><td>2. que</td></tr>
<tr><td>3. que</td><td>3. que</td></tr>
</table>

<table>
<tr><td align="center">2e Imparfait.</td><td align="center">2e Plus-que-parfait.</td></tr>
<tr><td>1. si</td><td>1. si</td></tr>
<tr><td>2. si</td><td>2. si</td></tr>
<tr><td>3. si</td><td>3. si</td></tr>
<tr><td>1. si</td><td>1. si</td></tr>
<tr><td>2. si</td><td>2. si</td></tr>
<tr><td>3. si</td><td>3. si</td></tr>
</table>

<table>
<tr><td align="center">Futur simple.</td><td align="center">Futur composé.</td></tr>
<tr><td>1. si</td><td>1. si</td></tr>
<tr><td>2. si</td><td>2. si</td></tr>
<tr><td>3. si</td><td>3. si</td></tr>
<tr><td>1. si</td><td>1. si</td></tr>
<tr><td>2. si</td><td>2. si</td></tr>
<tr><td>3. si</td><td>3. si</td></tr>
</table>

PARIS. — IMPRIMERIE DE VICTOR GOUPY, RUE GARANCIÈRE, 5.